Peter Sís

KOMODO!

l'île aux dragons

GRASSET JEUNESSE

Dépôt légal : Octobre 1994
Loi 49-956 du 16/7/1949
I.S.B.N. 2 246 49761 2
N° édition : 9 477

Imprimé en Belgique
par PROOST N.V. TURNHOUT

Traduit de l'américain par
Rolande Anderson

**Aux Lajtha, famille
d'intrépides voyageurs**

On me
reconnaît
facilement
sur les photos
de classe
grâce au dragon
sur mon
tee-shirt.

Depuis
toujours,
j'aime
les dragons.

C'est pourquoi
mes parents
ont décidé de
m'emmener
en Indonésie.
Dans l'île
de Komodo,
il y a de
vrais dragons.

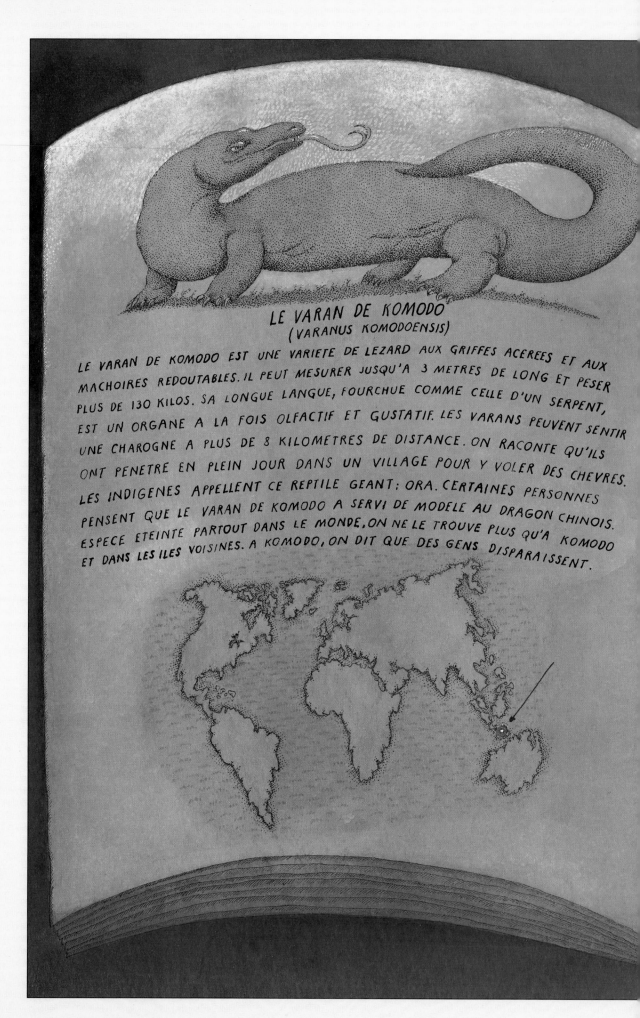

LE VARAN DE KOMODO
(VARANUS KOMODOENSIS)

LE VARAN DE KOMODO EST UNE VARIETE DE LEZARD AUX GRIFFES ACEREES ET AUX MACHOIRES REDOUTABLES. IL PEUT MESURER JUSQU'A 3 METRES DE LONG ET PESER PLUS DE 130 KILOS. SA LONGUE LANGUE, FOURCHUE COMME CELLE D'UN SERPENT, EST UN ORGANE A LA FOIS OLFACTIF ET GUSTATIF. LES VARANS PEUVENT SENTIR UNE CHAROGNE A PLUS DE 8 KILOMETRES DE DISTANCE. ON RACONTE QU'ILS ONT PENETRE EN PLEIN JOUR DANS UN VILLAGE POUR Y VOLER DES CHEVRES. LES INDIGENES APPELLENT CE REPTILE GEANT: ORA. CERTAINES PERSONNES PENSENT QUE LE VARAN DE KOMODO A SERVI DE MODELE AU DRAGON CHINOIS. ESPECE ETEINTE PARTOUT DANS LE MONDE, ON NE LE TROUVE PLUS QU'A KOMODO ET DANS LES ILES VOISINES. A KOMODO, ON DIT QUE DES GENS DISPARAISSENT.

Dans l'avion j'ai relu mon livre sur les dragons de Komodo.

LE VARAN DE KOMODO VIT SUR L'ILE DE KOMODO EN INDONESIE
(ASIE DU SUD-EST)

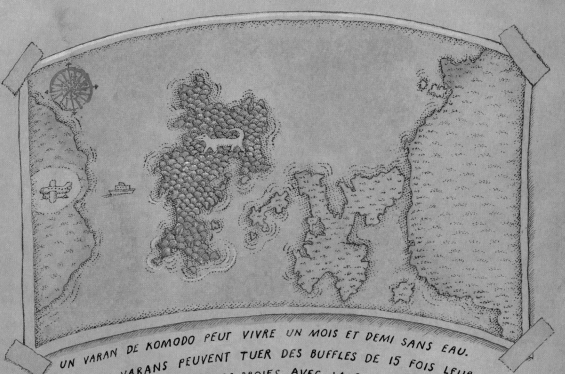

UN VARAN DE KOMODO PEUT VIVRE UN MOIS ET DEMI SANS EAU.
LES GRANDS VARANS PEUVENT TUER DES BUFFLES DE 15 FOIS LEUR POIDS.
ILS FRAPPENT SOUVENT LEURS PROIES AVEC LA QUEUE. MAIS CONTRAIREMENT
AUX AUTRES REPTILES, LA TEMPÉRATURE DE LEUR CORPS RESTE LA MÊME LE JOUR
ET LA NUIT. L'ESPÉRANCE DE VIE D'UN VARAN EST DE CINQUANTE ANS ENVIRON.
ILS MUENT EN FÉVRIER.

COURT RAPIDEMENT

NAGE

PLONGE

CREUSE

MARCHE SUR DEUX PATTES

GRIMPE

J'imaginais
la rencontre...

Nous avons
atterri
à Bali
où nous avons
fait un peu
de tourisme.

Le lendemain,
nous avons pris
le bateau
pour l'île
de Komodo.

Ça ne
ressemblait
pas du tout
à ce que j'avais
imaginé.

Il y avait
un monde fou
pour guetter
l'arrivée
du dragon
et moi
je ne voyais
rien.

Tout à coup,
j'ai entendu
un rugissement.

J'ai dit à
mes parents
que j'allais
revenir
tout de suite.

Un dragon !

**Mais
où était-il donc
passé ?**

L'île de Komodo a beaucoup déçu mes parents mais moi, franchement, je n'ai jamais rien vu de mieux !

L'île de Komodo est la plus vaste réserve du varan
qui porte son nom. Ce lézard géant a une espérance
de vie de cinquante à soixante ans. Il est l'unique
survivant des dinosaures carnivores très nombreux en
Asie tropicale il y a cent trente millions d'années.
On a longtemps pensé que le *Varanus Komodoensis*
appelé « ora », c'est-à-dire « crocodile terrestre », par
les indigènes était un mythe, jusqu'au jour où,
au début du siècle, des pêcheurs de perles, contraints
par la tempête de s'abriter à Komodo, l'aperçurent
enfin.
On trouve également des varans de Komodo dans
d'autres îles d'Indonésie, et certains zoos, de par le
monde, en détiennent quelques spécimens.